Quelques mots sur les Cambodgiens

par

G.-H. MONOD

LA REVUE DU PACIFIQUE
25, Boulevard des Italiens
PARIS
—
1923

Quelques mots sur les Cambodgiens

par

G.-H. MONOD

LA REVUE DU PACIFIQUE
25, Boulevard des Italiens
PARIS
—
1923

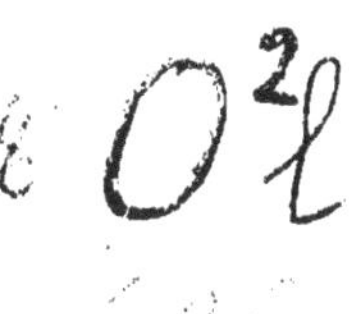

Quelques mots sur les Cambodgiens

Dans l'esprit d'une grande partie du public, l'idée d'indigènes habitant notre Indochine se présente presqu'exclusivement sous l'image des Annamites.

Les Annamites sont de beaucoup les plus nombreux dans la population de notre possession d'Extrême-Orient, puisque leur nombre, évalué à 14.600.000, représente plus de 80 % du nombre total de nos administrés. Mais d'autres races, pour n'être pas aussi nombreuses, n'en méritent pas moins d'être connues et appréciées. Parmi celles-ci se trouve la race cambodgienne, à laquelle il ne semble pas que les Français de France se soient jusqu'ici beaucoup intéressés. Un journaliste parisien n'allait-il pas, il n'y a pas un grand nombre d'années, jusqu'à imprimer que peu de temps avant sa visite à Angkor, on avait par hasard découvert à proximité des ruines deux villages habités par les derniers représentants de la race khmèr, jusqu'ici considérée comme complètement éteinte ; et ne s'apitoyait-il pas sur ces pauvres groupes isolés du reste du monde, où nul ne comprenait plus leur langue et ne pouvait entretenir de relations avec eux.

Une pareille erreur ne serait évidemment plus possible. Aujourd'hui tout le monde sait que Khmèr et Cambodgien sont des termes synonymes. Le mot khmèr appartient à la langue usuelle ; Cambodge, cambodgien viennent de Kampuchea, terme qui n'est usité qu'en style élevé et dont la prononciation sanskrite, Kamboja, vient de Kambu-jà, qui signifie : engendré par Kambu.

Kambu ou Kambu Svayambhùva (Kambu qui est par lui-même), est le fondateur légendaire de la race khmèr. Un de ses descendants, après avoir régné sur Aryadeça (le pays habité par les Aryas, nom védique des Indiens), vint s'établir au Cambodge sur lequel régnait alors le roi des Naga, et épousa la fille de ce monarque. Les rois du Cambodge sont issus de cette union.

Quoi qu'il en soit de ces origines légendaires, on sait aujourd'hui que la race cambodgienne est sortie de l'Inde et s'est formée par plusieurs invasions successives. On trouve dans l' « *Histoire de l'ancien Cambodge* », par M. Aymonier (1) et dans « *L'Empire Khmèr* » de M. G. Maspero (2) deux études d'un haut intérêt sur les documents que nous possédons au sujet des commencements du Cambodge et la succession de ses rois, autant qu'il a été possible de la reconstituer ; ces deux auteurs ne sont pas d'ailleurs exactement d'accord. Nous ne reproduirons pas ces données historiques qui sortiraient du cadre que nous nous sommes tracé. Il est toutefois impossible de parler des Cambodgiens actuels sans rappeler la splendeur passée de ce peuple.

Dans son bel ouvrage cité plus haut, Monsieur G. Maspero dit : « Le géographe Ptolémée cite l'Aurea Chersonesus et parle d'Indrapathoe qui paraît correspondre à Indraprastha (Angkor).

La Chersonèse d'Or de Ptolémée désigne-t-elle la presqu'île indochinoise, ou, comme le veulent d'autres auteurs, une partie de l'Inde ou la presqu'île Malaise? Nous ne saurions le dire ; mais son Indraprathoe semble difficilement pouvoir se rapporter à Angkor, car Claude Ptolémée, auteur de la εωγραγικὴ ὑφηγηνις, le seul géographe de ce nom que nous connaissions, vivait au IIe siècle de notre ère, et la construction d'Angkor Thom n'a été entreprise que sous le règne de Yaçovarman, qui occupa le trône du Cambodge de 889 à 908 de notre ère. Il ne semble pas que le nom d'Indraprathoe puisse davantage s'appliquer à Angkor Borei, l'ancienne Vyàdhápura, dont nous trouvons mention après la mort de Jayavarman Ier qui régnait vers 665 ; mais nous ignorons la date où fut fondée Vyàdhapura.

Toujours est-il que c'est bien dans la vallée du Mekong qu'on doit situer le Suvarna Bhùmi (le pays d'or) dont parlent les anciens voyageurs hindous, qui décrivaient avec admiration les immenses palais aux colonnes innombrables, aux salles splendides, aux tours d'or ; les trésors remplis de pierreries, d'or et d'argent, d'objets sculptés dans l'ivoire et le cristal ; l'abondance des bois parfumés ; les jardins embaumés de fleurs, ornés de bassins bordés de pierre.

---

(1) E. Aymonier. Histoire de l'Ancien Cambodge. Challamel (s. d.).

(2) G. Maspero. L'Empire Khmèr. Histoire et documents. Imprimerie du Protectorat, Phnom-Penh, 1904.

Si même ces narrations étaient dans une certaine mesure exagérées, elles semblent pouvoir assez bien s'appliquer aux ruines nombreuses et d'une extrême beauté qui couvrent le Cambodge.

Les plus anciens des monuments dont les dates soient certaines remontent aux ve et vi^e siècles. Ils sont pour la plupart construits en briques, avec des linteaux, des colonnes, des ornements en pierre sculptée.

Beng Mealea, situé au Nord du Grand Lac, dans la circonscription de Kompong Thom, non loin du groupe d'Angkor, est considéré comme le plus ancien des grands monuments khmèr. Il fut contruit sous le règne de Jayavarman II (1), qui régna de 802 à 869 de notre ère. L'harmonie de la construction, la perfection des sculptures montrent un art extrêmement sûr. Devant le monument s'étend un vaste bassin entouré de larges gradins de pierre qui rappelle les descriptions des voyageurs hindous.

Une antique chaussée relie Beng Mealea d'une part à Angkor, d'autre part au magnifique édifice de Prah-Khan, ornés l'un et l'autre de nombreux bassins bordés de grès ou de limonite. Non loin de Prah-Khan est creusé un immense bassin dominé par une estrade de pierre richement sculptée ; les Khmèr actuels considèrent cette pièce d'eau comme ayant été destinée aux courses de pirogues, que le roi et sa suite regardaient de l'estrade.

La chaussée qui relie Prah-Khan à Angkor, orientée Est-Ouest, montre de nombreux ponts en pierre, dont certains ont jusqu'à vingt et une arches. Il est vrai que les Khmèr, qui n'employaient pas de clefs de voûte, ne pouvaient pas construire d'arches à large ouverture. Les « chemins d'eau », comme disent les Cambodgiens, ne sont guère plus larges que les piles. Celles-ci occupent donc une place considérable dans le cours d'eau et gêneraient l'écoulement des eaux, surtout au moment des crues, si les Khmèr n'avaient pas trouvé un moyen ingénieux de résoudre cette difficulté : alors que nous cherchons, dans la mesure du possible, pour jeter un pont, un point resserré du lit, les Khmèr établissaient au contraire les leurs au point le plus large et augmentaient encore artificiellement cette largeur de façon à la doubler. Ainsi les piles occupant presque la moitié de l'espace, les ouvertures qui les séparaient représentaient encore la largeur entière du cours d'eau, qui ne rencontrait point d'obstacle à son écoulement.

---

(1) Djayavarman III, dans la chronologie des rois Khmèr établie par M. Aymonier.

Il serait difficile de donner une idée de la beauté de ces ponts, avec leurs arches en hautes ogives, les colonnettes courant sur les deux bords du tablier et portant, comme parapets, les corps de deux longs naga dont les queues se rencontrent au milieu, s'incurvent en un gracieux ornement, tandis que les sept ou neuf têtes étalées en éventail, se redressent aux deux extrémités, portant généralement au centre un buddha sculpté dans la pierre.

De ruines admirables montrent non seulement la sûreté du goût et le sens artistique des anciens Cambodgiens, mais posent le problème des moyens matériels dont ils disposaient pour construire ces immenses édifices, dont les matériaux étaient le plus souvent apportés de grandes distances. Elles sont aussi la preuve de la richesse, de la puissance du pays qui a pu construire de pareils monuments, des longues périodes de paix qui ont permis de réaliser des travaux de cette importance.

Il semble que ce soit vers la première moitié du XIIIe siècle que l'empire Khmèr connut le maximum de sa puissance et de sa splendeur. Autant qu'il est possible de fixer des limites, il semble qu'à cette époque le Cambodge s'étendait en dehors de ses frontières actuelles, sur la plus grande partie du Siam, le Sud du Laos (le roi de Luang Prabang même payait un tribut), le Champa ou Sud-Annam actuel, et toute la Cochinchine.

Ensuite s'étend une longue période dont nous savons peu de chose. Certains auteurs, avec M. Aymonier, la considèrent comme une époque de terribles luttes, de revers, de calamités ; d'autres comme M. G. Maspero, constatent que nous ne possédons aucun document qui mentionne ces désastres.

Il est difficile d'établir quand et comment commença la décadence de l'empire Khmèr. Nous savons seulement que, du XVIe au XIXe siècle, ce pays fut convoité par ses voisins, le Siam à l'Ouest, l'Annam à l'Est, qui se disputaient sur son propre territoire la suprématie, lui imposant parfois tous deux à la fois un tribut. La situation du malheureux Cambodge alla sans cesse en s'aggravant, son territoire arraché par morceaux, sa population décimée, ses villes somptueuses détruites et envahies par la forêt, jusqu'à ce qu'enfin le roi Norodom, en 1864, mit son pays sous la protection de la France. De cette époque datent la sécurité et la paix du Cambodge.

Le rapide aperçu historique qui précède n'a pas d'autre but que de donner une impression générale des conjonctures qui ont formé les Cambodgiens actuels, et d'aider ainsi, dans la mesure du possible, à la compréhension de leur mentalité.

On entend souvent répéter : « Les Cambodgiens sont apathiques, paresseux. Ils fuient le travail, ne songent qu'aux fêtes ». Les commerçants français leur reprochent de refuser les salaires qui leur sont offerts pour décharger des jonques, pour transporter des marchandises. « Ils ne veulent rien faire, dit-on, ils préfèrent jouer de la musique ! ». En résumé, l'opinion de beaucoup de Français, même parmi ceux qui ont habité le Cambodge, est superficielle. Un jugement général est porté, sans qu'aucun effort ait été tenté vers la connaissance de l'âme cambodgienne. On les considère sous l'angle de notre propre mentalité, de notre activité, engendrée par la lutte pour la vie, sans se demander s'il serait possible que des êtres résultant d'une civilisation différente de la nôtre, vivant sous un climat différent du nôtre, aient de la vie la même conception que des occidentaux.

Nous allons faire un effort sincère pour ne pas tomber dans cette erreur ; avant de juger les Cambodgiens, nous allons tâcher de les observer, de les montrer avec autant de fidélité que nous le pouvons. Ensuite nous tirerons des conclusions de nos remarques.

Les Khmèr vivent dans une nature infiniment clémente. La terre est riche ; elle produit abondamment, sans grand effort de culture, les plantes nutritives nécessaires à l'alimentation d'une race d'ailleurs frugale. Les forêts sont giboyeuses ; les eaux, rivières, étangs ou lacs, fournissent du poisson en très grande quantité. La température, toujours assez élevée, ne nécessite pas des habitations compliquées à construire, ni des vêtements donnant grande peine à faire ; le coton pousse facilement ; la soie est répandue. Dans chaque famille, les femmes filent et tissent les étoffes nécessaires.

La vie matérielle au Cambodge est facile à tel point qu'il n'existe pas, sauf année exceptionnelle, de véritable misère. Dans un climat où l'homme n'a pas à se défendre contre ses deux ennemis les plus redoutables, la faim et le froid, est-il surprenant qu'il ait réduit son effort, qu'il préfère son repos à une aisance qui lui paraîtrait trop chèrement achetée?

A cette considération, il faut ajouter les longs siècles d'oppression qu'il a traversés, pendant lesquels il était sans cesse pillé, rançonné, pendant lesquels ses insatiables voisins lui prenaient tout son superflu et une partie du nécessaire, l'accoutumant à considérer qu'il avait intérêt à ne posséder que le minimum indispensable à son existence.

Dans de pareilles conditions, si le Cambodgien était paresseux, il semble qu'il serait tout au moins excusable. Mais est-il réellement aussi inactif qu'on se plaît à le dire ? Pour nous en rendre compte, essayons de le regarder vivre.

Les familles sont habituellement nombreuses. La stérilité est rare et considérée comme un opprobre qui couvre la femme de confusion. Dans les cas exceptionnels où, après quelques années de mariage, un couple n'a pas eu d'enfants, il cherchera à en adopter.

L'adoption est extrêmement fréquente au Cambodge ; on n'y voit jamais d'enfants abandonnés (1). Si des parents viennent à disparaître laissant des enfants, il se trouvera toujours des voisins pour les recueillir. Il nous souvient d'un fonctionnaire provincial qui avait treize enfants, dont douze étaient adoptifs.

Parfois un ménage sans enfants ne trouvant point d'orphelins à adopter obtient de prendre à sa charge un enfant d'une famille nombreuse. Nous avons connu un milicien et sa femme qui avaient adopté dans ces conditions une petite fille, une charmante enfant portant le joli nom de Phkai : Etoile, à laquelle ils témoignaient tous deux autant de tendresse que si elle eut été leur propre enfant. Cependant ils élevaient leur pupille dans le respect et l'affection de ses vrais parents, et chaque semaine la mère adoptive conduisait Etoile passer une journée auprès de sa vraie mère.

La famille khmèr ne repose sur aucun principe d'autorité. La tendresse des parents pour les enfants est extrême. La femme, dont la moralité est presque toujours au-dessus de tout éloge, a dans le ménage une situation enviable. Elle est en tout l'égale de l'homme ; souvent même c'est elle qui prend le plus d'initiative. Elle est toujours traitée avec les plus grands égards. On objectera peut-être que le Cambodgien est polygame, ce qui rend moins enviable la situation de la femme. Mais ici encore on jugerait selon nos conceptions européennes. La Cambodgienne, par un long atavisme, considère la chose comme toute naturelle. D'ailleurs le Khmèr ne peut avoir plusieurs femmes : il en a une, et peut avoir des concubines, dont les enfants sont loin d'avoir les mêmes droits que ceux de la femme de premier rang. En fait, infiniment les plus nombreux sont les Cambodgiens n'ayant

---

(1) Le fait ne se produit que pour les métis franco-indigènes, rares d'ailleurs au Cambodge. Ceux-ci sont recueillis et éduqués par la Société Française des Métis, qui enseigne à chacun le métier auquel il se montre apte et obtient de très bon résultats.

qu'une femme, les grands seuls disposant des ressources matérielles nécessaires pour en entretenir plusieurs.

Pour suivre plus aisément le développement de la vie cambodgienne, observons une famille, que nous supposerons composée du père, de la mère, de deux garçons et d'une fille. Afin d'être plus clair, désignons-les par leurs noms : le père s'appelle chau Seng ; la mère s'appelle neang Mai ; les garçons répondent aux noms de a Ros et a Pel ; la fille est me Môt. Nous sommes obligés de faire précéder le nom de certains mots, car la coutume cambodgienne ne permet pas d'appeler quiconque par son nom seul, et les termes qui le précèdent varient avec le rang social de chacun : chau (prononcez tiao) précède les noms d'hommes, neang les noms de femmes du peuple. Pour des personnes de rang plus élevé, le terme désignant les deux sexes sera neak ; pour les dignitaires et leurs femmes, on dit luk. Me s'applique aux petites filles jusqu'à l'âge où on les appellera neang. A, terme méprisant s'il est employé pour un adulte, se dit pour les petits garçons. Cette coutume est tellement générale au Cambodge qu'elle s'applique même aux animaux dont les noms sont précédés de a pour les mâles, me pour les femelles.

Chau Seng possède plusieurs rizières dont il tire suffisamment de riz pour nourrir sa famille et vendre quelques piculs (1).

La récolte est terminée depuis quelques semaines, chau Seng a rentré son riz dans le grenier aux cloisons de bambou tressé revêtu de terre, surélevé par de courts pilotis pour que le riz reste au sec, muni d'ouvertures pour l'aérer. Il attend que l'acheteur chinois vienne faire sa tournée et achète le riz des cultivateurs. Quelle somme retirera-t-il de sa récolte? Il se le demande, se laisse aller à des espérances peut-être exagérées ; il ne sait pas encore le prix qu'il obtiendra, car le Chinois n'est pas encore venu et c'est lui qui fixera le cours... Chau Seng se rend bien compte que le Chinois a la part trop belle (1), l'acheteur qui décide lui-même combien il paiera ce qu'il achète ! Mais si lui, producteur, demandait plus qu'il ne lui est offert, ses voisins ne l'imitant pas, le Chinois lui laisserait son grain et il perdrait tout ! Car les Khmèr n'ont pas l'esprit commercial ; ils ne songent pas

(1) Mesure commerciale usitée en Extrême-Orient et de valeur assez variable suivant les régions et parfois dans la même région suivant les produits. Au Cambodge le picul vaut 60 kilogrammes.

(2) Sur le rôle du Chinois en Indochine, voir « *Dans l'Asie qui s'éveille* » de F. de Tessan (Renaissance du livre, s. d.), ch. II et III.

à s'entendre entre eux pour fixer un cours, et se laissent exploiter par le Céleste. Cette année, du moins, chau Seng est bien décidé, quand il aura conclu son marché, reçu le prix du paddy qu'il veut vendre, à ne pas se laisser entraîner à jouer et risquer de reperdre le produit de son travail, comme il lui est arrivé si souvent ! Cette année il donnera à neang Mai la paire de boucles d'oreilles en or qu'il lui avait déjà promise l'an dernier.

En attendant l'arrivée du Chinois, il profite de la saison sèche pour réparer sa maison. Comme toutes les cases du pays, celle de chau Seng est bâtie sur de hauts pilotis qui laissent largement circuler l'air sous le clayonnage de bambou qui forme le plancher. Les cloisons sont en bambou tressé ; elles sont percées de fenêtres que ferment des rectangles en vannerie, fixés à la partie supérieure par des liens en rotin jouant le rôle de charnières. Un bâton attaché à ce volet permet de le maintenir ouvert en l'accotant au bord de la fenêtre. Un toit en paillotte à forte pente assure l'écoulement des pluies torrentielles de l'été.

Chau Seng a constaté qu'une des colonnes est pourrie à la base, et que plusieurs paillottes sont abîmées.

La forêt est à quelques heures de marche. Bien avant le jour, chau Seng se met en route, armé d'un large coutelas que les Européens appellent coupe-coupe, d'une hache de forme particulière au pays ; suspendue à l'épaule, il porte une musette où neang Mai a mis une boule de riz, « une queue » de poissons secs (trois poissons attachés par la queue) et un peu de « prahoc », pâte de poisson pilé, fermenté et pimenté qui sert de condiment. Elle n'a pas oublié de joindre à ces vivres une boîte en fer blanc contenant du tabac et des feuilles de bananier sèches coupées en rectangle, qui serviront à faire des cigarettes liées avec un fil.

Chau Seng est parti longtemps avant l'aurore ; il a fait diligence ; cependant le soleil est haut quand il atteint la forêt, et la besogne de la journée sera rude. Chau Seng se met aussitôt en quête d'un arbre qui ne soit pas trop gros, assez droit, d'une essence qui ne sera pas attaquée par les termites ni par le ver blanc que nous appelons le pou de bois ; mais qui cependant ne sera ni trop lourd à transporter ni trop dur à entamer avec sa cognée. La tête levée il parcourt la forêt. Voici l'arbre qui répond à ses désirs.

Chau Seng s'assied au pied d'un grand « arbre à huile », fume une cigarette, puis se met à l'ouvrage. Avec son coupe-coupe il a enlevé les broussailles autour de l'arbre qu'il veut abattre, il a élagué les basses branches et frappe de la cognée...

Sans relâche il a travaillé jusqu'au milieu du jour ; puis il s'est arrêté pour manger. Mais auparavant, il est allé à la rivière proche où il a pris un long bain, les Khmèr ne concevant pas qu'on puisse se restaurer sans s'être lavé à grande eau.

Les provisions préparées par neang Mai épuisées, quelques cigarettes fumées, chau Seng s'est remis à sa besogne, ne l'interompant qu'à l'heure où le soleil était déjà bas sur l'horizon. Alors il reprend le chemin de sa case. Les petits, qui l'attendaient au pied de la verandah, courent vers lui, se pendent à ses vêtements.

Dans la maison, neang Mai vient de poser sur la natte la marmite de riz bouillant, la jarre d'eau sur laquelle flotte un bol de cuivre. Chau Seng fait, dans un petit compartiment fermé, ses ablutions, et vient gaiement partager avec les siens le repas du soir.

Plusieurs jours de suite, chau Seng retourne à la forêt préparer la colonne destinée à réparer sa maison. Neang Mai, levée avec le jour, nettoie la maison ; puis elle s'assied au métier à tisser, placé sous la case, et pendant de longues heures jette le fuseau, croisant la trame au moyen de pédales, serrant la chaîne au moyen d'un grand peigne suspendu devant elle, enroulant, au fur et à mesure que son travail avance, l'étoffe tissée sur un cylindre de bois, tandis qu'elle déroule d'une longueur égale, à l'autre extrémité du métier, le cylindre où sont enroulés les fils de la chaîne.

Neang Mai fait un sampot pour son mari ; c'est une bande d'étoffe ayant 80 centimètres de large, 3 m. 50 de long, qui se place autour des reins ; une partie du tissu reste libre devant le corps ; elle est roulée sur elle-même, rejetée entre les jambes et fixée par derrière dans la ceinture, formant une gracieuse culotte bouffante. Ce vêtement est porté par les Cambodgiens des deux sexes ; les hommes du peuple se contentent, dans les circonstances ordinaires, du sampot, le torse restant nu. Les femmes portent autour de la poitrine une écharpe de couleur voyante, dont l'extrémité retombe par dessus l'épaule gauche, laissant découverte l'épaule droite. Mais cette charmante écharpe tend à disparaître de plus en plus ; les femmes Khmèr la remplacent par une sorte de tunique enfilée par la tête, ouverte en pointe sur la poitrine. Dans les villes elles s'affublent de chemisettes en lingerie, mode affreuse venue du Siam, comme d'ailleurs l'habitude pour les femmes de porter le sampot masculin et les cheveux coupés en brosse comme les hommes. Il n'y a guère plus d'une quarantaine d'années, les Cambodgiennes portaient encore des jupes souples qui leur étaient plus seyantes que le sampot ; leurs cheveux leur tombaient le plus souvent sur les épaules.

Les enfants sont encore tout petits : a Ros a huit ans ; a Pel en a sept ; me Môt n'a pas atteint sa sixième année « en comptant par jours » ; mais on lui donne habituellement six ans » en comptant par mois », comme le font presque toujours les Cambodgiens du peuple. Compter par jour consiste à calculer l'âge comme nous le faisons en Occident. Si l'on compte par mois, au premier nouvel an qui suit la naissance on dit que l'enfant a un an — même s'il est né dans les derniers mois de l'année — et à chaque nouvel an on compte qu'il a un an de plus.

Les petits ne donnent encore aucune peine à leur mère en ce qui concerne l'habillement : ils courent tout nus, barbotant à l'envi dans la rivière proche, ne songeant encore qu'à s'amuser, à manger et à dormir.

Au milieu du jour, neang Mai quitte son métier à tisser pour préparer le repas : une marmite de riz bouilli, de poissons frais grillés entre deux lames de bambou, des bananes et des oranges.

Après midi, elle décortique le riz nécessaire pour deux ou trois jours : le paddy est mis dans un mortier de bois dur posé sur le sol. Debout auprès du mortier, neang Mai le frappe longuement avec une perche arrondie à son extrémité inférieure. De temps en temps, quand l'enveloppe de tous les grains est brisée, elle verse le contenu du mortier dans un van, large plateau en bambou finement tressé, puis, se plaçant de façon à avoir la brise de côté, elle lance en l'air le riz d'un geste harmonieux. Le vent emporte la balle ; le riz lourd retombe dans le van.

Neang Mai remplit plusieurs fois son mortier et met en réserve le riz blanc dans une jarre de terre.

En attendant l'heure où chau Seng rentrerait de la forêt, neang Mai reprit une coupe en vannerie commencée et destinée à contenir des fruits. De ses mains adroites et patientes, elle coupe en fines lanières la partie extérieure de rotins, les assouplit en le trempant dans l'eau chaude, les tresse avec un art délicat. Elle sait faire aussi les beaux paniers cambodgiens dont l'ouverture est ronde et la base carrée, tressés en très minces lamelles de bambou, le bord supérieur renforcé par un cercle de bambou d'une forme parfaitement ronde.

Pendant les heures chaudes, elle travaille dans la maison ; le soir venu, elle s'installe au pied de la vérandah et jouit de la fraîcheur du soir tout en surveillant les petits qui courent alentour.

Mais il faut qu'elle s'interrompe pour faire entrer dans l'étable, qui occupe une partie de l'espace situé sous la maison, les deux bœufs laissés au pâturage ; puis elle prépare le repas du soir, coupe des rectangles dans des feuilles sèches de bananier et hâche du tabac pour qu'à son retour chau Seng trouve bien garnie la boîte en fer blanc dans laquelle il puise de quoi fumer.

Un soir chau Seng rentre joyeux : il a terminé son travail en forêt. La colonne est coupée, élaguée de ses branches, écorcée. Demain matin il ira, avec sa légère charrette à bœufs, chercher cette pièce de bois. Mais un accident imprévu s'est produit : un de ses bœufs s'est blessé au pied en marchant sur un bambou coupé en sifflet. Chau Seng va demander aide à ses voisins. Il ne trouve pas à emprunter de bœuf, mais un de ses amis lui prête un cheval. Qu'importe ! Chau Seng attelle au timon gracieusement relevé en haute courbe un bœuf d'un côté, un cheval de l'autre, et ramène sans encombre le tronc préparé. En deux jours de travail, la vieille colonne est remplacée ; la charpente de sa case est solide de nouveau, et ne lui donnera plus de souci pour plusieurs années.

C'est de la toiture qu'il s'occupe maintenant. A quelques kilomètres de chez lui, il connaît une plaine de hautes herbes excellentes pour faire de bonnes paillottes. A cette saison les herbes sont sèches et dans le meilleur état pour le travail qu'il doit entreprendre.

Il prépare d'abord des bâtons en nombre égal aux paillottes qu'il veut fabriquer, les emporte sur sa charrette dans la plaine des hautes herbes, attache à ces bâtons, au moyen de liens en rotin refendu, les herbes repliées en deux dans la longueur, travail pénible, les hautes graminées étant coupantes aux mains. Avec bonne humeur cependant chau Seng s'acharne à sa besogne. En quelques jours les paillottes sont faites, chargées sur la charrette, rapportées à la case et mises en place. La saison des pluies peut revenir, la famille sera à l'abri des torrents d'eau que le ciel déversera sur la terre.

Chau Seng était encore sur le toit de sa case quand un grincement caractéristique a annoncé l'approche d'un convoi de charrettes : c'est le Chinois acheteur de paddy qui vient recueillir le grain engrangé dans les greniers des cultivateurs. Le Céleste annonce le prix qu'il offre. Chacun sait bien que ce prix est inférieur à la valeur de son riz, que les mesures du Chinois sont plus grandes qu'il ne faudrait ; mais toujours ils se sont laissés ainsi exploiter, leur déception se renouvelant chaque année de recevoir moins d'argent qu'ils n'avaient escompté.

Le tour de chau Seng est venu. Son grenier est vide et sa bourse n'est pas très garnie ! Il ne lui restera pas beaucoup de piastres quand il aura payé les boucles d'oreilles qu'il veut acheter pour neang Mai. Enfin la vie matérielle est assurée ; on n'a pas grand dépense à faire ; on se contentera de peu !

Dans la soirée, l'acheteur du paddy envoie ses employés de case en case annoncer en grand secret aux habitants que leur patron, désirant faire plaisir aux Cambodgiens du village, tiendrait à la nuit tombée un jeu de bakouan. Pour dépister la surveillance des agents de l'administration — les jeux du hasard sont interdits au Cambodge — la partie se jouera sous les grands manguiers entourant l'emplacement d'un hameau abandonné. Les employés du Chinois accompagneront les joueurs pour leur permettre de franchir la double ligne de veilleurs placés, pour éviter toute surprise, à distance suffisante pour qu'à leur signal toute trace du jeu puisse disparaître en cas de besoin.

Les émissaires viennent chez chau Seng qui les éconduit fermement. Il est décidé à ne pas jouer, à éviter jusqu'à la tentation de le faire.

A l'heure fixée, chau Ek et chau Iem viennent l'appeler :

— Chau Seng est-il prêt ? Nous allons au bakouan !

— Non, frères aînés, je ne veux pas aller au jeu !

— Que chau Seng du moins nous accompagne.

— Non, je n'accompagnerai pas mes frères aînés ! Si j'allais voir jouer, je me laisserais tenter malgré toutes mes résolutions. Je ne veux pas jouer !

— Chau Seng a un moyen simple de ne pas se laisser entraîner : il n'a qu'à laisser son argent chez lui !

La discussion dure longtemps. Chau Seng enfin est vaincu. Mais s'il consent à accompagner ses voisins, il est très ferme dans sa résolution. Avant de partir, il confie à Neang Mai le sac de vannerie où est enfermé son argent.

Accroupis autour de la natte où le Chinois a installé la tablette à quatre numéros du bakouan, les Cambodgiens suivent sans mot dire la partie. Le tenancier du jeu renverse sur un tas de sapèques un bol de porcelaine, sous lequel se trouve pris un nombre inconnu de pièces ; lentement les Khmèrs font leurs jeux. Lorsqu'aucun joueur ne mise plus, le Chinois soulève le bol ; avec une baguette, il écarte quatre par quatre les sapèques. Enfin il en reste une, deux, trois ou quatre : le nombre restant est le numéro gagnant. D'un geste rapide de son rateau en bois, le croupier ramasse les mises perdues, puis il paie les gagnants.

Chau Ek et chau Iem sont favorisés par la chance ; plusieurs fois déjà ils ont été payés par le Chinois — avec la retenue de 10 % qu'il fait sur les gagnants pour s'assurer de toutes façons un bénéfice. D'abord ils ont joué prudemment les chances simples — en misant sur deux numéros — puis, enhardis, ils ont joué les numéros pleins qui leur rapportent quatre fois leur mise.

Chau Seng suit le jeu avec une envie grandissante. Le Chinois a demandé son nom. A la dérobée il a feuilleté son livre de comptes et constaté qu'il a payé à ce Cambodgien qui ne joue pas 157 piastres pour sa récolte. Sans rien laisser paraître, il suit dans le regard de chau Seng les progrès que fait en lui la passion du jeu. Enfin, le jugeant arrivé au point désiré, il lui dit :

« Mon frère aîné chau Sêng ne veut-il pas aussi tenter la chance ?

— Mon frère aîné Chinois a donné trop peu pour le paddy ; je ne peux pas risquer le produit de ma récolte.

— Mon frère aîné a justement le moyen d'augmenter son profit. Pourquoi ne pas essayer ?

— Je ne veux pas jouer, dit chau Seng.

— Mon frère aîné le regrettera amèrement quand il sera trop tard.

— Je ne peux pas jouer, d'ailleurs ; je n'ai point apporté d'argent.

— Qu'à cela ne tienne. J'ai confiance dans mon frère aîné, je lui prêterai volontiers trente piastres !

La tentation est trop forte, chau Seng succombe.

— Que mon frère aîné me prête seulement dix piastres. Je ne veux pas en risquer une de plus ! »

Le Chinois rédige aussitôt un billet que chau Seng signe avant de recevoir dix piastres — et le voilà qui joue — prudemment d'abord. Et il se félicite : la chance est pour lui ; il a rendu les dix piastres et en a trente devant lui. Il joue plus gros ; son pécule augmente — puis quelques coups lui enlèvent tout son bénéfice —. Il emprunte encore, s'entête, souscrit de nouveaux billets. Le Chinois lui prête jusqu'à ce qu'il aie perdu 130 piastres — alors il lui ferme sa caisse.

Le jeu a continué presque toute la nuit. Le Chinois n'est pas pressé : il sait bien que peu à peu presque tout l'argent qu'il a payé ce matin aux Khmèr reviendra dans son coffre.

Chau Seng se retire enfin, accompagné par un employé du

banquier qui lui rendra ses billets quand il aura vidé sa bourse.

Au lever du soleil le Chinois reforme son convoi. Un sourire erre sur ses lèvres : il emporte toutes les récoltes du village, et une somme en argent presqu'égale à celle qu'il avait apportée. Il va vider dans ses jonques le paddy des Khmèr, et continuera sa lucrative tournée.

Chau Seng est furieux contre lui-même, et honteux de n'avoir pas eu la force de s'en tenir à sa résolution. Il ne veut pas, cette année encore, que sa femme soit privée des boucles d'oreilles depuis si longtemps promises. Comment pourra-t-il récupérer la somme nécessaire ? Il va tâcher de trouver un travail salarié, et invoque le secours des Tevoda habitant les seize étages du Paradis.

Le même jour, un tigre emporte une femme dans un village voisin. Il est venu en plein jour cueillir sa proie aux abords même du hameau. Chau Seng, à la nuit tombante, se met à la poursuite du fauve, le trouve dans la forêt et l'abat d'un coup de fusil. Dès le lendemain il va porter la dépouille au chef-lieu ; il touche douze piastres de prime, et un Chinois lui donne vingt piastres de la peau.

A la « Sala Khet », bureau du gouverneur de province cambodgien, il a appris que l'administration a donné l'ordre de faire faire deux charrettes à buffles pour les transports administratifs. Chau Seng s'offre pour exécuter la commande, car il est passé maître en l'art de construire ces charrettes au rouf de fine vannerie, dans lesquelles n'entre ni un clou, ni une vis, où toutes les parties tiennent par les ressources des assemblages, où tout accident arrivant en route peut être réparé en pleine forêt. Il obtient la commande, avec ordre de l'exécuter sans retard.

Chau Seng rentre au village le cœur joyeux. Ses pertes sont compensées par la faveur des Tevoda. Neang Mai aura ses boucles d'oreille. Il écrit le soir même à un de ses cousins, qui est secrétaire au tribunal d'appel à Phnom Penh, pour le charger de faire faire les bijoux, car dans la capitale du Cambodge se trouvent les meilleurs orfèvres. Ils travaillent surtout pour le palais royal, mais pour des amis, ils exécutent quelques travaux supplémentaires, en y mettant le temps. Ils savent faire avec un art infini des boîtes en argent ou en or couvertes de ciselures représentant des fleurs, ou reproduisant la forme de fruits ou d'animaux ; de lourdes chaînes d'or aux maillons gracieusement compliqués ; des plaques de poitrine en or serti de pierreries ; des bagues, des bracelets et toute la scintillante orfèvrerie qui couvre les danseuses du roi : mokot ou casques à haute pointe et à larges ornements d'oreilles, anneaux encerclant les bras, les poignets, les chevilles ; ceintures en plaques ou en mailles d'or, chaînes se croisant sur la poitrine et portant un large losange en or étincelant de gemmes.

Peu de jours après, chau Seng reçoit la réponse de son cousin : il connaît un bijoutier adroit et consciencieux qui se charge d'exécuter la commande pour une somme raisonnable. Mais il doit acheter l'or nécessaire, et demande une avance qui dépasse un peu la moitié du prix total demandé.

Chau Seng ne dispose pas du nombre de piastres qu'il faut payer d'avance. Mais il se réjouit tellement de la joie que son cadeau fera à neang Mai qu'il ne veut pas retarder le plaisir qu'il aura à le lui offrir. Il prend l'argent qu'il possède, se rend au chef-lieu où il achètera à « la maison fil de fer » que nous appelons le bureau de poste, un mandat pour son cousin. Mais auparavant il entre dans la boutique d'un Chinois, prêteur à la petite semaine, pour lui emprunter la somme qui lui manque. Moyennant un intérêt de 3 % par mois — une ordonnance royale a défendu d'exiger davantage — le Chinois consent le prêt ; chau Seng expédie le mandat. Il rentre au village et se met avec ardeur à construire les charrettes à buffles commandées par le gouverneur. Plus vite il les aura faites, plus tôt il pourra rembourser le Chinois, et moins les intérêts seront lourds à payer. Mais il ne peut pas consacrer à ce travail tout le temps qu'il voudrait, car la saison est venue de récolter le sucre de palme.

Chau Seng a préparé une cinquantaine de tubes en bambou, qu'il ira suspendre sous les inflorescence des thnot ou palmiers à sucre, et dans lesquels coulera le suc. Le soir, sur un feu de bois vert, il enfume soigneusement l'intérieur de ses tubes, car sans cette précaution la fermentation du liquide commencerait rapidement.

Au petit jour, les bambous pendus à la ceinture et sonnant comme des cloches en s'entre-choquant, chau Seng grimpe jusqu'au faîte des thnot, s'arcboute sur les feuilles en large éventail qui forment un bouquet à la cime de l'arbre, suspend un à un les tubes sous chaque rameau floral qu'il incise avec son couteau. D'arbre en arbre, il a placé tous ses récipients. Mais une grande partie de la matinée est passée losqu'il vient reprendre la construction des charrettes. Assez tôt dans l'après-midi il s'interrompt de nouveau. Accompagné de neang Mai, il retourne aux thnot, monte reprendre les bambous remplis du liquide sucré,

que sa femme rapporte au fur et à mesure dans leur case. Elle verse le suc recueilli dans une bassine posée sur le joli fourneau en terre du Cambodge et laisse lentement évaporer l'eau pour recueillir le sucre brun que les enfants attendent avec une gourmandise impatiente.

Tous les tubes sont réunis et vidés ; le contenu de l'un d'eux a été versé dans une carafe de verre et servira de boisson. Chau Seng va laver les bambous à la rivière, les égoutte, les laisse sécher et tard dans la nuit il est encore occupé à les enfumer pour le lendemain.

Ainsi des semaines passent, et les charrettes n'avancent pas vite.

Neang Mai fait avec le sucre brun des disques qu'elle empile par cinq dans des feuilles de thnot. Chau Seng se hâte à l'ouvrage. Mais voici que le chef du village, le mesrok, vient lui dire que son tour est venu pour accomplir ses dix journées de prestations en nature. Il est désigné pour prendre part à la construction d'une route. Le chantier où il devra se rendre est à deux étapes de chez lui ; ses dix journées de travail représenteront donc quatorze jours d'absence ! Il voudrait obtenir un délai mais le mesrok ne peut pas le lui accorder. Il faut partir !

Chau Seng emporte autant de riz qu'il peut en porter, pour avoir le moins possible de dépenses à faire pendant son absence, et se met en route pour le chantier prescrit.

A son retour il trouve deux lettres de son cousin lui disant, la seconde sur un ton pressant, que les boucles d'oreilles sont faites et que l'orfèvre en réclame le paiement. Les charrettes ne sont pas finies ; chau Seng n'a pas d'argent. De nouveau il va trouver l'usurier chinois. Celui-ci se montre moins bien disposé que la première fois : il a déjà fait une avance et n'a pas encore été remboursé. Chau Seng insiste : le Céleste se fait prier — prétexte pour tirer meilleur parti de l'occasion. Il cède enfin, mais fait souscrire à chau Seng un billet majoré de trois mois d'intérêts qui seront ainsi payés deux fois. Et la forme du billet est régulière, rien ne décèle la supercherie. Chau Seng envoie l'argent à Phnom Penh et se hâte de reprendre son travail.

Enfin il termine les charrettes. Chaque partie est faite du bois qui convient ; chaque détail est soigné. Aidé par ses voisins dont l'un conduit une des charrettes, pour laquelle d'autres ont prêté des buffles, chau Seng attelle ses bœufs à la deuxième voiture. Elle est lourde pour des bœufs. Mais la route est bonne, la distance n'est pas longue. Chau Seng, chantant d'un cœur léger, va livrer les deux charrettes au gouverneur. Mais une nouvelle déception l'attend : l'administration ne paie pas comptant. Il faudra établir un mandat, le faire parvenir par l'intermédiaire du mesrok. Bien des jours se passent encore avant que chau Seng se présente enfin chez le percepteur. Quand il a remboursé l'usurier chinois, les lourds intérêts ayant considérablement augmenté sa dette, il ne lui reste presque plus rien du fruit de son travail. Et heureusement encore que son voisin l'a accompagné : le Chinois oubliait de rendre les billets payés et chau Seng ne songeait pas à les réclamer, quand son camarade lui dit qu'il a déjà vu des cas où le prêteur, conservant les billets remboursés, en poursuivait à nouveau le paiement. Il a vu juger un procès où le magistrat, convaincu de la sincérité du débiteur, avait cependant dû le condamner à payer, puisque la reconnaissance de dette produite par le bailleur formait juridiquement preuve du bien fondé de sa réclamation.

La saison sèche touche à sa fin. Pour fumer ses rizières, chau Seng a mis le feu aux chaumes restés attachés aux racines : les cendres donnent à la terre un peu de potasse. L'inondation, apportant ses limons, suffira pour amender le sol qui jamais n'est laissé au repos, qui produit sans cesse.

Dès que les pluies ont commencé à s'établir régulièrement, chau Seng laboure ses rizières, les herse, les ensemence. En quelques semaines les grains ont germé et couvert le sol d'une peluche vert tendre poussant dru.

Depuis un mois et demi des torrents d'eau s'abattent journellement sur le pays. Un soir, avec un grand fracas, la rivière se met brusquement à monter ; son niveau s'élève avec une incroyable rapidité. Elle charrie des branches, des arbres entiers, des débris de toute espèce.

Les Cambodgiens, joyeux, bordent le cours d'eau. Chau Seng, entouré de neang Mai et des trois petits, s'est posté sur la berge. D'un geste lent et régulier, il plonge dans la rivière grondante une large épuisette en filet, qu'il manœuvre comme une vaste cuiller à contre courant — au hasard — car la terre entraînée par la crue rend l'eau si trouble qu'elle a perdu toute transparence. Presqu'à chaque coup, il ramène des poissons que neang Mai recueille dans un panier, aux éclats de rire des petits. De place en place d'autres pêcheurs répètent le même geste large, tandis que des femmes et des jeunes filles construisent en hâte, avec des branches d'arbre, de légères charpentes sur lesquelles elles posent des clayonnages en bambou, séchoirs sur lesquels aux heures de soleil, les poissons, vidés et fendus, vont être mis à sécher après avoir été sommairement salés pendant la nuit.

Chau Seng a fait bonne pêche. Une dernière fois il plonge son épuisette et la retire avec un cri de joie : il a pris un beau « poisson tigre », jaune zébré de noir comme le sont nos perches, le plus apprécié des poissons de la région. Demain neang Mai le portera au chef-lieu et en tirera un bon prix.

En peu de jours les bords de la rivière se sont garnis de séchoirs, au-dessus desquels tourne sans relâche le vol d'innombrables aigles poissonniers au riche plumage rouge brun. L'air se remplit de la forte odeur du poisson qui sèche.

Un beau matin une nouvelle se répand dans le village : un vieux fonctionnaire de la Sala Khet fera dans quelques jours une fête d'offrande à une pagode qui n'est pas très éloignée.

Ce vieux fonctionnaire sait fort bien que des cinq préceptes, il y en a qu'il n'a pas toujours observés ; ces cinq préceptes sont : ne tuer aucun être vivant ; ne pas s'approprier le bien d'autrui ; ne pas violenter de femmes ; ne pas mentir ; ne pas boire de boissons fermentées. Il ne s'est pas toujours soumis aux trois interdictions : n'être ni orgueilleux, ni emporté, ni malveillant ; il n'a pas conscience d'avoir suivi sans cesse les trois injonctions : être équitable ; être patient ; être reconnaissant. Il prévoit que sa fin ne saurait être bien lointaine et qu'il doit se hâter d'acquérir des mérites avant d'aller dans une autre vie, qui peut être le paradis ou l'enfer, attendre sa prochaine réincarnation terrestre. Il veut donc, pendant qu'il en est temps encore, faire œuvre pie dont il lui sera tenu compte. Mais laquelle choisir ? Faire œuvre pie est : construire une pagode, sculpter des Buddha ; faire des offrandes aux bonzes ; soulager ceux qui souffrent ; secourir les pauvres ; soigner les malades ; venir en aide aux prisonniers. Le vieux fonctionnaire avait décidé de faire des offrandes aux bonzes.

Cette nouvelle avait causé une grande excitation dans le village. Les Khmèr aiment les fêtes, et presque tous les habitants se préparaient à assister à celle-ci. La pagode où elle aurait lieu se trouvait située à deux heures de route, au bord de la rivière qui arrosait le village.

Le jour fixé venu, dès l'aurore, le cours d'eau fut sillonné de sampans et de pirogues pavoisés de drapeaux, d'oriflammes aux gaies couleurs. Les rameurs, debout sur les sampans, manœuvrant les longs avirons d'un geste large et harmonieux ; les pagayeurs accroupis dans les pirogues et tenant à deux mains leurs courtes rames plongées suivant une cadence rapide, avaient tous revêtu leurs plus beaux sampots, et soigneusement plié leurs vestes blanches à l'abri des éclaboussures. Les femmes, vêtues de couleurs voyantes qui jetaient des notes lumineuses dans la riante nature, se serraient dans les frêles embarcations. Les chemins convergeant vers la pagode étaient bruyants des grincements qui accompagnent sans cesse les légères charrettes à bœufs. Avant d'atteindre la pagode, blottie sous de hauts manguiers au feuillage sombre, on entendait les joyeux orchestres — xylophones, gongs accordés, sortes de hautbois, violons primitifs, exécutant avec un ensemble parfait les jolis airs cambodgiens.

Sur une grande jonque à vingt rameurs, peinte des couleurs les plus vives, toute palpitante de drapeaux déployés, le vieux fonctionnaire arrivait à la berge, et faisait transporter ses offrandes. Il devait avoir la conscience bien chargée pour avoir ainsi multiplié ses présents : robes de bonze en coton jaune d'or, plateaux et bols de cuivre, marmites à mendier, grands éventails chasse-mouches, en tissus brodés, bordés de plumes et emmanchés sur de longues hampes laquées de rouge. Les rameurs allaient et venaient de la jonque à la pagode, apportant toujours de nouvelles charges, les disposant par catégories sur des tables basses placées sur des nattes dans le temple. Les bonzes étaient assis de part et d'autre du chef de pagode, les novices debout derrière — tous drapés dans leurs belles toges jaunes, tous ayant la tête entière rasée, y compris les sourcils — immobiles comme des statues.

Toutes les offrandes sont transportées au Vath. Le vieux fonctionnaire s'approche, se prosterne devant le chef de la bonzerie, se relève sur les genoux, les mains jointes au-dessus de la tête, se prosterne encore. Les religieux n'ont pas un geste, pas un clignement d'yeux. Chaque objet apporté est présenté au chef de pagode, tenu un instant devant lui, puis déposé dans les bas côtés du temple.

Longtemps la cérémonie se poursuit. Quand enfin tous les objets d'offrande ont été présentés, le chef de pagode se lève, se retire d'une démarche digne, suivi des bonzes et des novices, tandis que les musiciens jouent un air lent et très pur de mélodie.

Des centaines de Khmèr sont venus assister à cette cérémonie.

Quand elle fut terminée, les habitants du village le plus proche de la pagode étendirent sur le sol, autour du temple, des nattes portant tout ce qu'ils possèdent de vaisselle ; sur chaque natte, un plat de riz blanc, des bols de condiments, du poisson, sont à la disposition des personnes éloignées de chez elles. Chaque fois qu'une fête a lieu, il en est de même : les assistants sont nourris par les voisins immédiats, qui ne leur réclament aucune rétribution — à charge de revanche quand une fête sera célébrée dans un autre village.

Chau Seng, sa femme, ses enfants ont formé un groupe avec quelques habitants de leur village. Quand vient l'heure de repartir les enfants, qui tout le jour ont gambadé à cœur joie, n'en peuvent plus. Pour regagner la berge, chau Seng et neang Mai prennent, à califourchon sur leur hanche, a Pel et me Môt, et tiennent chacun par une main a Ros qui marche, en se faisant traîner un peu, entre ses parents. On s'embarque. Tandis que chau Seng met la pirogue dans le courant, les trois petits, blottis contre leur mère, s'endorment profondément.

Quelques jours après cette fête, chau Seng reçoit une nouvelle commande. Cette fois c'est une pirogue qu'il doit construire.

L'affaire est plus compliquée que la fabrication des charrettes à buffles qu'il a faites récemment pour l'administration. Une pirogue est creusée dans un tronc, et on en voit parfois au Cambodge qui ont jusqu'à vingt-cinq mètres de long, et même davantage, d'une seule pièce. La pirogue que doit faire chau Seng aura douze mètres de long. Il part pour chercher dans la grande forêt, à plusieurs jours de marche, le tronc approprié à ce travail, auquel ne se prêtent qu'un petit nombre d'essences. Il choisit, au bord de la rivière, un beau koki, le meilleur des bois employés pour cet usage.

Pendant des jours, il travaille avec acharnement à abattre l'arbre superbe, coupe dans le tronc la longueur convenable, puis, aidé par les villageois les plus proches, il traîne la bille ainsi préparée jusque dans le courant. Pour qu'elle ne tourne pas, il attache de part et d'autre des flotteurs faits de plusieurs bambous liés ensemble. Debout sur le tronc flottant, armé d'une longue perche avec laquelle il le dirige, il le ramène jusqu'à son village, le traîne sur la berge et se met au travail.

Avec précision il donne d'abord à la pièce de bois la forme extérieure, arrondissant ce qui sera la partie inférieure du bateau, taillant les deux extrémités si gracieusement relevées des pirogues cambodgiennes. Puis il creuse, au moyen d'une hâche de forme spéciale l'intérieur du bateau, laissant d'abord aux bordages une forme très fortement relevée au centre — car lorsqu'il aura donné à toute la coque une épaisseur uniforme, il la renversera au-dessus d'un feu ardent pour amollir le bois et ouvrira la pirogue, augmentant d'un tiers la largeur — ce qui remettra les bordages dans une ligne parfaitement horizontale. Pour qu'elle reste bien ouverte, il place de bord à bord des pièces de bois, entaillées pour recevoir les planches qui formeront un pont, sur lequel les rameurs se tiendront debout à l'aviron — quatre à l'avant, quatre à l'arrière. Dans un large plateau qu'il a fait à la hâche, il taille le gouvernail. Enfin il couvre le milieu de la pirogue d'un rouf en bambou tressé, doublé intérieurement d'un feutrage en feuilles de palmier.

Ensuite, portant sur l'épaule un fléau aux deux extrémités duquel sont suspendus de grands tubes de bambou, il retourne dans la forêt chercher ce que nous appelons l'huile de bois. L'arbre qui la produit s'appelle en khmèr le teal, et se trouve assez répandu dans les forêts du Cambodge. Le droit coutumier local considère ces arbres comme étant la propriété des familles qui les ont mis en exploitation. Pour extraire l'huile de bois, les Khmèr creusent, dans la partie basse du tronc, une sorte de niche dont le fond forme une cuverte ; le suc s'écoule et se concentre dans ce réservoir. Lorsque l'écoulement commence à tarir, on agrandit la niche, et on y allume du feu qui, empêchant le suc de coaguler, en hâte la sécrétion. Ce n'est que lorsqu'un teal est épuisé de son huile que l'exploitant perd ses droits sur l'arbre. Mais un teal produit de l'huile pendant un grand nombre d'années.

Chau Seng possède ainsi plusieurs teal disséminés dans la forêt. Il va les visiter un à un, recueille dans les tubes de bambou l'huile secrétée, et quand sa provision est suffisante, il en enduit soigneusement la coque de la pirogue et le rouf en bambou tressé ; cet enduit, siccatif et imperméable, assure au bateau une étanchéité parfaite.

Auprès de son mari, neang Mai a tressé deux paniers en bambou et rotin ; elle les recouvre d'huile de bois ; ces paniers lui serviront à aller puiser de l'eau à la rivière pour les besoins domestiques, car ceux qu'elle avait commençaient à s'user.

Pendant de longues semaines, chau Seng a été occupé à creuser sa pirogue, qui maintenant est achevée et balance sur la rivière sa forme élégante. Le commerçant qui la lui a commandée vient la chercher avec ses rameurs, et paie la somme convenue qui met pour quelque temps chau Seng et les siens à l'abri du besoin.

Chau Seng est heureux. Il est profondément sentimental ; tous les Khmèr le sont, mais avec une pudeur de leurs sentiments qui les leur fait cacher tout au fond de leur cœur, et se donner souvent des airs d'ironie sous lesquels leur sensibilité est extrême et très fine. Chau Seng aime passionnément neang Mai qui, comme presque toutes les femmes cambodgiennes, est un modèle de vertus domestiques, une compagne affectueuse et avisée, d'une gaieté que n'ont jamais su abattre les périodes dures à passer. Les trois enfants grandissent, se développent librement, entourés de la tendresse de leurs parents. Les rizières que chau Seng a ensemencées sont superbes et donnent les meilleures espérances pour la prochaine récolte. Le « sompiet », petit sac en vannerie extrêmement souple, contient une petite réserve de piastres. Il ne manque rien au bonheur de chau Seng. Il fume paisiblement au pied de sa case; à côté du métier sur lequel neang Mai tisse une étoffe aux couleurs chatoyantes, quand le mesrok ou chef de village vient prévenir que le résident de France, accompagné du gouverneur cambodgien de la province, entreprend une tournée et a choisi le village qu'habite chau Seng comme gîte d'étape ; il arrivera dans trois jours.

Les Cambodgiens répartissent les représentants de l'autorité française en deux catégories : ceux qui parlent la langue khmèr, et ceux qui ne la parlent pas. Ils redoutent infiniment ceux-ci qui sont à la merci de leurs interprètes et ignorent toutes les exactions qui sont commises en leur nom par ces traducteurs souvent infidèles. Pour l'interprète, les tentations sont trop fortes ; bien peu y résistent : en matière de justice, ils se font largement payer par les deux parties, et traduisent de façon à provoquer un jugement en faveur du plus généreux des plaideurs.

Lorsqu'un indigène veut présenter une requête à la résidence, l'interprète lui fait payer un nombre élevé de piastres pour la rédiger en français. En tournée, l'interprète prélève sur les habitants les approvisionnements nécessaires au voyage, les compte plus qu'ils ne valent au Français, mais ne paie pas ceux qui les ont fournis, leur faisant croire que le résident de France a le droit de réquisition pour ses besoins. Il invente mille moyens pour extorquer de l'argent aux indigènes, qui ne peuvent se plaindre, ne pouvant se faire comprendre.

Si au contraire le résident parle cambodgien, rien ne lui est plus facile que de s'attirer la confiance des Khmèr, qui se livrent volontiers.

Le résident actuel est un de ceux qui ont étudié la langue khmèr, sa littérature, qui connaît bien les indigènes, visitant fréquemment leurs villages, et il ne se fait jamais accompagner d'un interprète. Aussi la nouvelle de sa venue est-elle bien accueillie. Les habitants se mettent en peine de bien recevoir leurs hôtes. Les uns partent en chasse dans la forêt pour lui offrir quelques pièces de gibier ; d'autres vont cueillir sur les cocotiers des noix de coco, dont l'eau abondante et fraîche est une agréable boisson après la chaleur de l'étape. D'autres encore se mettent à nettoyer la « sala », construction existant au Cambodge — comme au Laos et au Siam — dans la plupart des villages, ou aux points d'étape en pleine brousse, et consistant en un plancher surélevé sur des colonnes et recouvert d'un toit, mais sans cloisons. Au Cambodge la plupart des sala sont solidement construites, supportées par de fortes colonnes en bois dur, protégées par un toit en tuiles, le joli toit cambodgien en deux parties imbriquées, se terminant aux angles par des courbes d'un dessin harmonieux, reliés aux colonnes par des consoles sculptées avec art.

C'est à qui prêtera des rideaux en cotonnade pour former, entre les colonnes, un réduit où les voyageurs annoncés pourront faire leur toilette, des jarres de terre à remplir d'eau, des fourneaux en terre pour la cuisine. Au pied de la sala, des piles de bois à brûler sont apportées. Une activité joyeuse anime le village.

Les chasseurs ont été assez heureux pour rencontrer dans la forêt un bœuf sauvage qu'ils ont tué. Lié sur deux paires de roues, le grand corps a été rapporté au village.

Les fonctionnaires arrivent. Aussitôt tous les habitants du village viennent leur rendre visite à la sala, apportant des noix de coco, des volailles, des paniers remplis de riz, des œufs.

Le résident remercie les indigènes. Pour ne pas leur faire l'affront de refuser leurs offrandes, il passe devant tous les paniers et prend dans chacun une pincée de riz qu'il met dans un bol de cuivre.

« Vous voyez, leur dit-il, j'ai accepté ce que vous m'offrez de bon cœur, mais vous m'avez apporté plus que je ne saurais consommer. Remportez donc vos paniers ; je vous remercie très sincèrement. »

Pendant que les voyageurs font leur toilette et prennent leur repas, des nattes sont étendues devant la sala et un théâtre s'organise. De solides gaillards de vingt à trente ans, durcis aux travaux des champs et de la forêt, ont revêtu des costumes qui imitent ceux des danseuses royales, se sont coiffés de tiares en carton doré faites avec adresse, et dansent en gestes surprenants de grâce au rythme de l'orchestre. Puis ce sont des scènes improvisées, où des Cambodgiens jouent les pires tours à des comparses déguisés en Malais ou en Chinois, ceux-ci tenant admirablement leur rôle, imitant à s'y méprendre l'accent des personnages qu'ils représentent, leurs gestes, leurs caractères. Tout le village est serré autour de la scène, écoutant à grands éclats de rire les dialogues vraiment spirituels des acteurs. Si bien qu'une bonne partie de la nuit se passe en franche gaieté avant que personne ne songe à aller prendre du repos.

Enfin le résident, se rappelant le départ matinal, donne le signal. Mais les conversations joyeuses se poursuivent longtemps dans la nuit.

Les crues ont commencé à baisser ; l'eau se retire des rizières. Les cultivateurs Khmèr se désespèrent de voir que leurs récoltes, qui s'annonçaient particulièrement belles, sont compromises. Il ne leur faudrait pas grand effort pour faire des levées de terre qui retiendraient suffisamment d'eau dans leurs champs, assurant la maturation des riz. Mais ils ne le font pas, et passant d'espoirs exagérés à un excès de découragement, ils sont convaincus que leurs céréales sont perdues. Ces alternatives se reproduisent d'ailleurs chaque année, et en fin de compte la récolte se maintient à peu près régulière. Elle pourrait produire sensiblement plus si les Khmèr se donnaient autant de peine que les Annamites, remarquables cultivateurs.

Dans les rizières qui entourent le village où habite chau Seng, les épis s'alourdissent et prennent une teinte dorée. Les cultivateurs construisent dans chaque parcelle de petites estrades en bambou, sur lesquelles les femmes et les enfants se relaient pendant les dernières semaines de la maturation, lançant tout le jour, au moyen de longs bambous flexibles, de petites mottes de terre dans le champ et poussant des cris pour effrayer les oiseaux qui s'abattent sur les rizières pour en picorer les grains.

***

Plusieurs années ont passé ainsi dans la douce clémence du climat cambodgien ; chau Seng et neang Mai ont poursuivi leurs travaux coutumiers ; les enfants ont grandi ; pour chacun des trois tour à tour on a célébré la fête de la onzième année où les cheveux sont rasés. Maintenant a Ros et a Pel vont tous les jours à l'école de la pagode où les bonzes, drapés dans leurs robes jaunes, leur enseignent l'écriture cambodgienne aux cinquante-un caractères, sans compter les signes voyelles et les consonnes souscrites. Tous les garçons du village se retrouvent aux leçons des bonzes — car au Cambodge ce n'est que parmi les femmes que l'on trouve des illettrées.

A Ros et a Pel connaissent maintenant les lettres et leurs combinaisons ; ils commencent à apprendre à lire les préceptes écrits sur des feuilles de palmier. Les bonzes leur enseignent les mots qu'il est convenable d'employer pour parler à leurs égaux, pour parler aux dignitaires, pour parler au roi, pour parler aux bonzes — car l'extrême courtoisie du langage cambodgien exige l'emploi de termes différents suivant le rang de la personne à qui l'on s'adresse ou de qui l'on parle.

Parfois, a Ros et a Pel accompagnent l'un des bonzes qui vont mendier par les villages la nourriture pour la pagode, car les bonzes n'ont le droit de vivre que d'aumônes ; ils ne prennent qu'un repas par jour. Chaque matin, certains d'entre eux, à tour de rôle, passent en bandoulière la marmite aux aumônes et vont vers les centres habités. Jamais le bonze mendiant ne demande rien. Les villageois qui veulent lui donner l'appellent. Le bonze s'approche, découvre sa marmite, et détourne ostensiblement la tête pour ne pas voir ce qu'on y dépose ; puis s'éloigne de son pas grave et continue sa tournée.

Au retour des mendiants, toutes leurs marmites sont vidées dans une bassine, autour de laquelle la communauté se place en cercle pour le repas.

Les bonzes ne doivent jamais rester inactifs. S'ils n'étudient pas les textes sacrés, ils font des travaux matériels : ils sculptent le bois ou la pierre, taillant des buddha, des ornements de pagode, des chaises à prêcher, des portiques au fronton finement orné de fleurs fouillées en plein bois ou d'êtres mythologiques ; ils peignent sur les murs de leur pagode des scènes du Ramayana, des images montrant les seize étages du paradis ou les seize degrés de l'enfer ; ils construisent ou réparent leurs cellules, petites constructions séparées, montées sur pilotis et alignées auprès du temple. Enfin, ils instruisent les enfants.

A la vérité, il y a dans les provinces beaucoup de bonzes, parfois même des chefs de pagode, qui ne possèdent qu'une médiocre instruction. Il ne saurait en être autrement, n'importe quel indigène pouvant entrer dans les ordres sans s'être particulièrement préparé à la vie monastique. Mais tous ont une vie très digne. Ils observent rigoureusement les dix préceptes, qui sont : ne faire mourir aucun être vivant ; ne pas dérober ; rester chaste ; ne pas mentir ; ne boire aucune boisson fermentée ; ne pas manger le soir ; ne prendre part à aucun jeu et n'assister à aucune représentation théâtrale ; ne toucher à aucun parfum ni à aucune fleur parfumée, vanités faites pour réjouir le cœur ; ne pas avoir une couche élevée ou garnie d'un matelas ; ne toucher ni à l'or ni à l'argent. Ces règles sont respectées au point qu'un bonze piqué par un moustique chasse l'insecte, mais ne le tue pas. Si l'on fait à une pagode une offrande en argent, ce qui arrive parfois quand des réparations nécessitent l'achat de matériaux, les bonzes font remettre la somme offerte à un laïque chargé de payer les factures, mais ne touchent pas eux-mêmes aux piastres.

Les bonzes n'accepteront une tasse de thé ou un verre d'eau d'un Européen que s'ils le connaissent particulièrement ; la raison en est que trop souvent des Européens, pour faire une plaisanterie dont ils ne comprennent pas la gravité, on surpris la bonne foi des bonzes en mêlant à la boisson qu'ils leur offraient un produit alcoolisé. Bien d'autres erreurs ont été commises par les Européens à l'égard des bonzes, comme par exemple de vouloir exiger le salut de ces religieux, qui ne saluent personne et devant lesquels se prosterne le roi du Cambodge. Souvent on remarque chez les Occidentaux un manque de curiosité tel qu'ils n'ont aucune notion de la religion bouddhique, ignorance qui se traduit d'une façon frappante dans l'expression si répandue parmi eux et si absurde cependant de Pape des bonzes qu'ils appliquent au chef suprême des bonzes appartenant à la secte des Mohanikai. Il n'y a cependant aucune analogie entre le rôle du pape dans la religion catholique et celui du chef suprême des bonzes — de même qu'il n'y a pas d'analogie entre la religion catholique et la religion bouddhique. Dans cette dernière il n'existe ni prêtres ni cérémonies cultuelles auxquelles assistent les laïques. Les bonzes sont comparables à des moines ; chaque pagode a son chef ; plusieurs pagodes sont groupées, au point de vue discipline ecclésiastique sous l'autorité d'un Mekon, subordonné lui-même au chef suprême des bonzes. La majorité des pagodes du Cambodge appartiennent à la secte des Mohanikai ou « petit véhicule » ; mais il existe une autre secte beaucoup moins nombreuse, celle des Thomayuth ou « la Vertu parfaite ».

Les Européens qui ignorent les bonzes se privent d'un très puissant moyen d'influence sur le peuple khmèr. Nous avons connu un résident de France qui avait souvent recours dans sa circonscription à cette influence et qui en obtenait d'heureux effets. En voici un exemple ; il remonte à l'époque déjà un peu lointaine où l'assistance médicale n'était pas encore organisée au Cambodge. En ce temps-là, une des maladies les plus répandues était la variole. L'administration locale avait créé un service de vaccine ; mais les moyens étaient rudimentaires : il existait un médecin vaccinateur pour tout le pays khmèr. Ce docteur était constamment en tournée ; mais quelle que fût sa bonne volonté, que pouvait-il faire à lui seul dans un pays peuplé de deux millions d'habitants répartis sur 175.000 kilomètres carrés ? Au lieu d'accourir à lui, les indigènes fuyaient à son approche, ou ne se présentaient que par force.

Notre résident forma le projet de créer un service permanent de vaccination dans sa circonscription. Pour atteindre son but, il lui fallait du vaccin, un vaccinateur et des indigènes désireux de se faire vacciner. Il n'eut aucune peine à résoudre les deux premières questions : l'Institut Pasteur de Saïgon lui assura de la meilleure grâce du monde tout le vaccin qu'il pourrait employer et qui lui serait envoyé régulièrement chaque semaine dans la proportion qu'il demanderait.

Le médecin vaccinateur du Cambodge était le premier à déplorer l'insuffisance des résultats qu'il lui était possible d'atteindre par lui-même. Il accepta de grand cœur d'amener avec lui un infirmier khmèr appartenant à la circonscription ; il lui enseigna la pratique de la vaccination, le conservant auprès de lui pour le faire opérer en sa présence jusqu'à ce qu'il l'ait jugé apte à vacciner sans surveillance.

La troisième question eût été sans doute insoluble si notre résident n'avait pas eu recours aux bonzes : il rendit visite aux chefs des principales pagodes de son territoire, leur exposa son projet, leur montra que la variole, autrefois aussi répandue en France qu'elle l'était alors au Cambodge, avait été vaincue par la vaccination. Il leur demanda de l'aider à réaliser l'œuvre qu'il s'était proposée.

Les chefs de pagodes comprirent parfaitement et se montrèrent prêts à s'associer aux efforts du Français. Toutefois ils déclarèrent d'un commun accord qu'ils ne pourraient du jour au lendemain faire pénétrer une idée aussi nouvelle dans l'esprit des Khmèr. Ils demandèrent au résident de leur faire confiance, et de ne chercher nullement à agir de lui-même sur les indigènes pendant qu'ils prépareraient le terrain. L'attente ne fut pas longue ; au bout d'une quinzaine de jours les chefs de pagode vinrent ensemble voir le fonctionnaire français, lui dirent que le peuple était prêt à se laisser vacciner, mais demandèrent que, pour faciliter le succès, les premières séances de vaccination aient lieu dans leurs pagodes. Chacun d'eux annonça le nombre d'habitants qu'il espérait réunir ; l'ordre dans lequel les réunions auraient lieu fut fixé d'un commun accord. Dans toutes les pagodes, le nombre des Khmèr venus à l'appel des bonzes fut de beaucoup supérieur aux prévisions. En peu de temps, les villages prirent l'habitude de demander que le vaccinateur leur fût envoyé. Celui-ci partait à dos d'éléphant, avec l'ordre de vacciner tous ceux qui le demanderaient sur sa route. Il était parfois tellement sollicité qu'il avait épuisé sa provision avant d'avoir atteint le village qui l'avait appelé, et dont la visite était remise à la semaine suivante, quand l'inépuisable obligeance de l'Institut Pasteur aurait fourni une nouvelle quantité de vaccin. Sans discontinuer l'établissement scientifique de Saïgon envoya régulièrement par chaque courrier hebdomadaire deux à trois mille doses de vaccin, jusqu'à ce que tous les habitants de la circonscription aient été vaccinés et revaccinés.

Un pareil résultat eût été bien difficile à obtenir sans l'assistance des bonzes, qui unirent leur très grande influence aux efforts du résident.

Tous les Khmèr doivent entrer à la pagode, non seulement comme écoliers dans leur enfance, mais dans leur adolescence les jeunes gens doivent être bonzes pour un certain temps, qui n'est pas fixé et varie généralement entre quelques mois et un an.

A Ros et a Pel suivaient assidûment l'enseignement des bonzes. Avec leurs maîtres, ils apprenaient, en dehors des heures de leçons, à sculpter le bois, à assembler les chevrons des toitures, à rehausser les sculptures de couleurs harmonieuses. Quand ils revenaient à la maison, ils aidaient leur père dans ses travaux, le suivaient aux champs ou à la pêche, tandis que me Môt s'essayait, sur le grand métier de neang Mai, à lancer la navette ; ses petits pieds atteignent avec peine les pédales qui croisent la trame ; mais elle est déjà adroite à disposer les fils sur le métier ; elle sait les teindre de diverses couleurs. Elle aide sa mère à décortiquer le paddy, se plaçant en face d'elle devant le mortier, où chacune à son tour frappe du pilon. Elle sait faire cuire à point le riz dans la marmite de terre et griller des poissons entre des baguettes de bambou. Portant aux deux extrémités d'un bambou placé sur l'épaule deux petits paniers imperméabilisés à l'huile de bois, elle aime aller puiser l'eau à la rivière pour la verser dans les grandes jarres de terre qui la tiennent fraîche. Elle seconde adroitement sa mère dans les soins du ménage.

⁂

Nous avons tenté de donner une idée de ce qu'est la vie cambodgienne. Nous n'abuserons pas davantage de la patience du lecteur avant de conclure.

On accuse les Khmèr d'être indolents et apathiques. Nous n'avons jamais eu cette impression en vivant au milieu d'eux. Nous les avons vus sans cesse actifs, adroits, ingénieux. Nous leur avons demandé souvent des travaux, qu'ils ont toujours exécutés à notre satisfaction, raisonnant leur travail, discutant les instructions données, cherchant des améliorations au plan proposé, trouvant souvent des solutions heureuses. Ils n'aiment pas faire un travail régulier et routinier qui n'exige que de la force physique. Mais ils cherchent avec patience et habileté à résoudre une difficulté.

Ils sont extrêmement artistes, très sentimentaux ; ils aiment passionnément la musique, les danses. Ils sont insouciants, leur vie matérielle n'étant pas difficile. Gais, spirituels, ils aiment les longues causeries, les vieux contes qu'ils répètent en ajoutant sans cesse de nouveaux épisodes. Ils sont d'une très grande honnêteté, d'une courtoisie raffinée. De tous les peuples d'Extrême-Orient, le peuple khmèr est celui dont il est le plus facile d'obtenir la confiance. Les Cambodgiens se montrent capables d'un attachement dévoué et d'une extrême fidélité de souvenir.

Après les longues années que nous avons personnellement passées en contact avec les Khmèr, nous avons conservé pour eux la plus sincère estime.

G.-H. Monod.

Imprimerie Ch. LEGRAND et Mme GRANGER — Valence

LA REVUE
DU
PACIFIQUE

Directeur : Léon Archimbaud, Déput

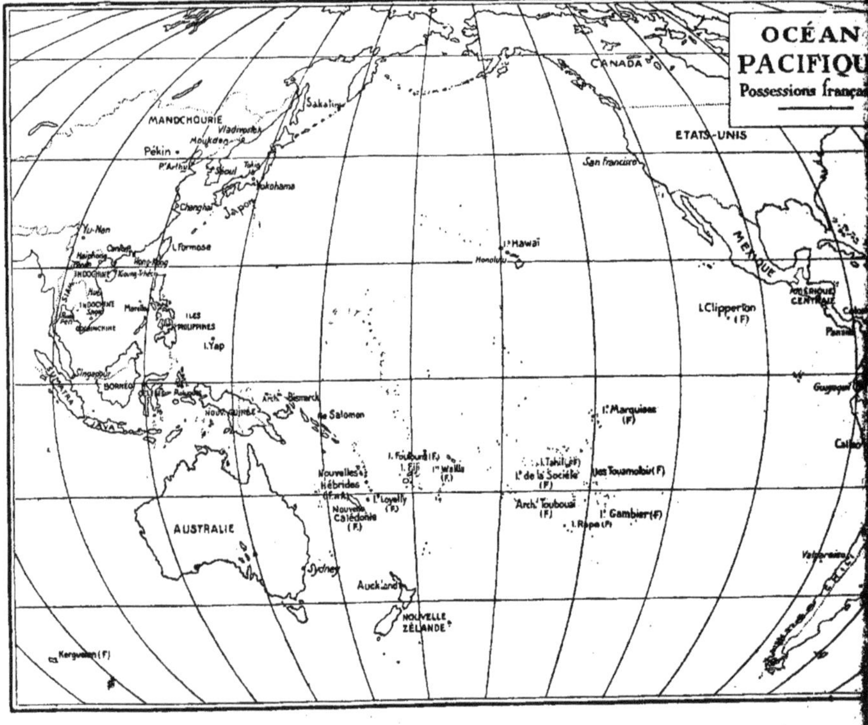

Paris (2e)

25, Boulevard des Ita

Tél. : Gut. 23-0

www.ingramcontent.com/pod-product-compliance
Ingram Content Group UK Ltd.
Pitfield, Milton Keynes, MK11 3LW, UK
UKHW022004260726
13994UKWH00004B/1939